LA ALIMENTACIÓN SALUDABLE

por Jenna Lee Gleisner

TABLA DE CONTENIDO

PALABRAS A SABER

alimentos saludables

avena

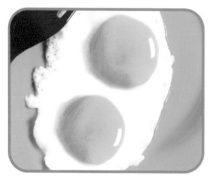

huevos

manzanas

queso

zanahorias

LA ALIMENTACIÓN SALUDABLE

¡Comamos alimentos saludables!

manzana

Yo como manzanas.

huevo

Yo como huevos.

queso ····▶

Yo como queso.

zanahoria

Yo como zanahorias.

avena

Yo como avena.

¿Qué alimentos comes tú?

¡REPASEMOS!

Hay cinco grupos principales de alimentos. Estos son: las frutas, los vegetales, los granos, la proteína y los lácteos. ¿A cuáles grupos pertenecen estos alimentos?

ÍNDICE